AF716244

Wie meine Oma zu einer **OMA** wurde

Renate Brecht

Renate Brecht

Wie meine Oma zu einer OMA wurde

Ein Kinderbuch über das Wichtigste in der Welt - die Familie

DeBehr

Herausgeber: Verlag DeBehr, Radeberg
Erstauflage: 2022
ISBN: 9783957539953

Gewidmet meiner Familie,
meinem ersten Enkelchen
und all denen,
die da waren
und noch folgen werden.

Vielleicht kommt es ja so,
oder es kommt alles ganz anders.
Wir werden sehen …

Inhalt

Ich bin es, Laura

Ich bin Laura, eigentlich heiße ich Laura Lilly. Aber die meisten rufen mich nur Laura. Den Namen bekam ich von meinen Eltern. Du hast deinen Namen sicher auch von deinen Eltern bekommen.

Als ich im Bauch meiner Mama noch ganz winzig war, so groß wie ein Gummibärchen, hatte ich viele Namen. Manchmal hieß ich Krümel.

Opa nannte mich Zwergel.

Uroma sagte „das kleine Würmchen".

Meine Eltern haben mich meistens Babybär genannt.

Es konnte zu der Zeit noch niemand sagen, ob ich ein Junge oder ein Mädchen würde.

Aber ganz tief in ihrem Herzen wusste meine Mama schon immer, dass - wenn ich ein Mädchen wäre - ich eine Laura werden würde.

Der Arzt, zu dem Mama, als sie mit mir schwanger war, oft ging, hat eines Tages gesehen, was ich werde und es Mama gesagt, und die hat es allen anderen erzählt.

Na, da war was los, die ganze Familie stand Kopf, sagt Mama.

Ich finde es seltsam, haben die alle Kopfstand gemacht, zur gleichen Zeit? Das hätte ich gern mal gesehen.

Die Omas huschten gleich in die Baby-Abteilung im Kaufhaus und suchten nach Mädchensachen.

Und sogar meine Uromas kauften Kleider, suchten wunderschöne Puppen heraus oder fragten meine Eltern, was sie denn schenken könnten, wenn ich einmal da sei.

Meine Tante war ganz aufgeregt, meine Onkel hüpften vor Freude herum. Und meine Großonkel und Großtanten jauchzten vor Glück.

Mein Papa überlegte gleich, wovor er mich beschützen würde, wenn ich auf der Welt wäre.

Und Mama dachte an all die Koch- und Bastelstunden, die wir zusammen haben würden.

Ich wuchs derweil im Bauch vor mich hin und ahnte nichts von der Aufregung da draußen. Ich war damals so groß wie eine Orange, sagt Mama.

Wann erfuhren deine Eltern, ob du ein Junge oder ein Mädchen wirst?

Der Namens-Quatsch

Noch als ich im Bauch war, aber schon ziemlich groß, so groß wie ein Rettich, sodass, wenn ich im Bauch herumturnte, man meine Tritte durch den Bauch spüren konnte, lüfteten meine Eltern endlich, endlich auf einer das-Baby-kommt-bald-zur-Welt-Party das Geheimnis um meinen Namen.

Meine Familie feiert übrigens sehr gern. Fasching, Ostern, Weihnachten, Geburtstage, Pizzapartys, Grillpartys, einfach-mal-so-Partys, immer ist etwas los.

Nun war zum Glück auch Schluss mit dem Namens-Quatsch meiner Omas.

Ja, meine Omas machten Quatsch. Die haben nämlich, weil sie ja noch nicht wussten, wie ich einmal richtig heißen sollte, den Namen meines Papas und meiner Mama in einen Wortmixer geworfen und sich daraus einen unmöglichen Bauch-Namen für mich ausgedacht. Der ist mir immer noch peinlich, deshalb werde ich den nicht verraten.

Wer hat deinen Namen ausgesucht und warum gerade diesen Namen? Und hattest du auch einen Bauchnamen?

Der Untermieter

Eines Tages war ich wieder einmal bei meinen Bären-Großeltern. Warum die so heißen, erzähle ich noch.

Sie haben einen Hund mit Namen Whisky.

Opa sagt, er solle lieber Flohteppich heißen, weil er sich ab und an mal in ein Floh-Nest auf der Wiese oder im Gebüsch setzt und dann Untermieter, so sagt Opa, mit nach Hause bringt, die Oma und Opa auskämmen müssen. Dann bekommt er noch ein stinkiges Zeug ins Fell und schaut schuldig, sagt Opa. Bestimmt schämt er sich, weil er so übel riecht.

Ich weiß nicht, was ein Untermieter ist.

Opa sagt: „Dieser Untermieter von Whisky zahlt noch nicht mal Miete."

„Was ist Miete?"

„Damit man wohnen kann, muss man bezahlen", sagt Opa.

„Also wohnt jemand auf dem Hund?"

Oma lacht und nickt, und ich verstehe gar nichts mehr.

Verstehst du auch manchmal die Erwachsenen nicht?

Oma war mal jung, und ich war mal noch nicht da

Ich sitze mit Oma auf der Couch. Sie nimmt ein dickes Fotoalbum zur Hand. Wir blättern zusammen darin. Ich sehe ein Bild mit einer jungen Frau. Und daneben steht eine etwas ältere Frau. Irgendwie kommen sie mir bekannt vor. Ich gucke ganz genau hin. Aber nein, ich kenne die beiden nicht.

„Wer ist das?", frage ich.

„Na, ich bin das, und neben mir steht Uroma", sagt Oma.

Ich fange an zu lachen. Oma macht Quatsch, denke ich.

Oma schaut mich schmunzelnd an. „Du glaubst mir wohl nicht?", fragt sie. „Na, das muss ich dir mal in Ruhe erzählen!

Ich war nämlich nicht immer eine Oma, mein Schatz. Und weißt du was, DU hast mich erst zu einer Oma gemacht."

Jetzt wird aber der Hund in der Pfanne verrückt, würde Opa sagen, aber er ist gerade im Garten.

Warum will Opa eigentlich Whisky so oft in die Pfanne legen?

„Du bist schon immer da, du bist schon immer meine Oma", sage ich.

„Das ist nicht ganz richtig und auch nicht ganz falsch", sagt Oma. „Für dich war ich schon immer da, das stimmt. Aber früher, als es dich noch nicht gab, da war ich nur eine Mama. Und die wurde ich auch erst, als dein Papa geboren wurde."

Stimmt, denke ich. Die Bären-Oma ist Papas Mama, das weiß ich schon. Und die

Hasen-Oma ist Mamas Mama.

„Habe ich die Hasen-Oma auch zu einer Oma gemacht?“, frage ich.

„Nein, Laura, die Hasen-Oma war schon vor deiner Geburt eine Oma“, sagt Oma.

Aber wieso, ach so, ja, ach, nein, ach herrje, ist das alles kompliziert.

Ich schaue Oma fragend an, und sie beginnt zu erzählen. Von einer Zeit, von der ich nichts mehr weiß, weil ich noch viel zu klein war, um mir zu merken, was damals passiert ist. Und von einer Zeit, als es mich noch gar nicht gab.

Oma meint: „Die Welt war leerer, als du noch nicht das warst.“

Oma hat recht, ein Platz war noch frei, denke ich. Den habe ich besetzt, als ich geboren wurde.

Oma sagt: „Die Welt war weniger bunt, als du noch nicht da warst."

Wie meint Oma das? Es war doch Herbst, als ich geboren wurde. Die Blätter fielen ganz bunt von den Bäumen, hat Mama mir erzählt.

Uroma sagt, als ich noch nicht da war, war ich Quark im Schaufenster. Waaas? Ich will kein Quark sein!

Stell dir das mal vor, uns alle gab es früher noch gar nicht. Jeder war mal irgendwann noch gar nicht auf der Welt! Aber wer hat denn dann den ersten Menschen geboren? Ist das kompliziert. Was denkst du?

Bären-Omas Oma, ihr Opa und ihr Papa und all die anderen vorher

„Ich hatte auch eine Oma und einen Opa", sagt meine Oma. „Die waren so herzensgut, schade, dass du sie nicht kennenlernen konntest. Sie wären jetzt über 110 Jahre alt."

Das sind fast tausend Jahre, denke ich.

Dann erzählt mir meine Oma von ihrer Oma, die Mama ihrer Mama, also meiner Ururoma. Die wohnte als Kind in einem kleinen Dorf mit vielen Tieren und zog später mit ihrem Mann in eine große Stadt. Dieser Mann war der Papa meiner Uroma, einer meiner Ururopas.

Meine Uroma wurde geboren. Alle drei

lebten glücklich zusammen.

Doch als meine Uroma ganz genau drei Jahre alt war, sie hatte an diesem Tag Geburtstag, begann ein schrecklicher Krieg. Uromas Geburtstag hatte natürlich nichts mit dem Krieg zu tun. Aber ihre Gäste rannten vor Schreck alle nach Hause. Und Uroma war traurig.

Als meine Uroma acht Jahre alt war, saß sie mit meiner Ururoma im Keller, während die Häuser nebenan zerstört wurden, weil Bomben darauf fielen. Solche schrecklichen Dinge hatte meine Uroma mit ihrer Familie erleben müssen. Dabei war sie doch noch ein Kind.

Uromas Papa war Soldat und im Krieg.

In dieser Zeit waren mein Uropa, also der Papa meiner Bären-Oma, und sein Papa, also mein anderer Ururopa, auch als Soldaten weit weg im Krieg. Sie mussten kämpfen, obwohl sie nicht wollten.

Meine Uroma kannte meinen Uropa damals noch nicht. Sie war ja noch klein.

Die Mama meines Bären-Opas war auch noch ein Kind und lebte in einem anderen Dorf.

Sie, ihr kleiner Bruder, ihre Großeltern, ihre Mama und ihr Papa verloren ihr Zuhause und mussten weit weg von ihrem Dorf ein ganz neues Leben beginnen.

Eine meiner Uromas hat sogar ihre Mama durch eine Bombe verloren. Da war sie noch ganz winzig.

Sie saß gerade auf ihrem Töpfchen, als diese Bombe auf ihr Haus fiel und es zerstörte. Und so waren ihr Bruder und sie plötzlich ganz ohne ihre liebe Mama.

Das ist so entsetzlich traurig.

Meine Bären-Oma sagt, dass wir so froh sein können, keinen Krieg erleben zu müssen, denn es gibt wohl kaum etwas Schrecklicheres.

Das finde ich auch.

Ich möchte mein Zuhause nicht verlieren.

Ich will nicht, dass Bomben auf uns drauffallen.

Ich will gar niemanden verlieren.

Ganz fest werde ich meine Uromas beim nächsten Besuch in den Arm nehmen und sie trösten.

Jahre nach diesem Krieg lernten sich meine Uroma und mein Uropa kennen. Sie gründeten eine Familie.

Meine Bären-Oma war ihr Kind und wurde von allen geliebt.

Der Papa ihres Papas und die Mama ihrer Mama waren ihre Großeltern.

Leider konnte meine Bären-Oma ihre anderen beiden Großeltern nicht mehr kennenlernen.

Übrigens hatten meine Urgroßeltern auch Brüder und Schwestern. Und die bekamen Kinder. Und die bekamen auch Kinder, und die auch, und die auch.

„Das sind sehr viele Leute", sagt die Bären-Oma. „Irgendwann verliert man mal den Überblick", meint sie.

„Vielleicht", sagt Oma, „steht man beim Bäcker an der Schlange, und man weiß gar nicht, dass der Bäcker, der einem die Brötchen verkauft, der Urururur-Großneffe vom Urururur... ist und man mit ihm verwandt ist." Verwandt bedeutet, dass er zur Familie gehört.

Ich kann mir das gar nicht alles merken.

Und bei der Hasen-Oma ist es ja genauso. Das ist ein richtiger Familien-

Wirrwarr, sagt meine Mama.

Bären-Oma sagt, auch wenn wir unsere Lieben nicht mehr um uns haben, leben sie in uns fort.

Sie geben uns etwas von sich ab und machen uns zu denen, die wir sind.

Ich weiß nicht genau, was Oma meint. Vielleicht verstehe ich es später einmal, wenn ich größer bin.

Hast du noch Ururgroßeltern? Kennst du deren Geschichte?

Jetzt erzähle ich, wieso die Bären-Oma Bären-Oma heißt.

Jeder Name hat eine Bedeutung

Meine Bären-Oma sagt, jeder Name hat eine Bedeutung. Und das ist wohl wirklich so.

Mein Name bedeutet nämlich „die Siegerin", das hat irgendwas mit einem Gewürz zu tun, das man sich um den Hals hängt, hat Papa gesagt. Ob er Pfefferkörner meint? Bei Pfeffer muss ich immer niesen.

Im Kindergarten habe ich beim Sackhüpfen gewonnen. Auch ohne Gewürze um den Hals, ich habe ja meinen Namen, der mich begleitet.

Papa heißt „der Glückliche".

Hasen-Omas Name bedeutet „die gnädige Anmutige".

Und Mamas Name bedeutet „die Siegreiche“. Das passt perfekt, sagt Mama, eine Siegreiche und eine Siegerin als Tochter, besser geht es nicht.

Und weil Papa mit uns so glücklich ist, könnte er auch keinen besseren Namen haben.

Der Name meiner Bären-Oma bedeutet „die Wiedergeborene“ und noch irgendetwas mit „Gott“ und „Richter“.

Meine Ururoma hatte auch so einen Gott-Namen. Der „gütige Gott“, sagt meine Bären-Oma, gütig bedeutet nett.

Mein zweiter Name Lilly hat eigentlich auch irgendetwas mit Gott zu tun. Uroma sagt, das wäre zwar schon so, aber Lilly würde sie eher an Lillifee erinnern, eine kleine Blütenfee aus einem Märchen.

Und weil ich so niedlich wie eine kleine

Fee bin, passt auch dieser Name perfekt zu mir, sagt sie.

Der Name meines Bären-Opas bedeutet „der Glänzende aus dem Norden". Oma sagt, Opa sei ein Goldstück, darum würde der Name sehr gut zu ihm passen.

Der Name meines Großonkels bedeutet „Sohn des Mars". Der Mars ist ein Planet, der sehr weit weg ist, sagt Papa.

Am nächtlichen Himmelszelt kann man ihn manchmal neben den Sternen rot blinken sehen.

Der Papa meines Großonkels kam aber nicht aus dem Weltraum, sondern von der Erde. Er ist ja kein Alien.

Und Ururopas Name bedeutete „der kleine Franzose", obwohl er gar kein Franzose war.

Manchmal ist das schon seltsam mit den Namen.

Wie heißt du? Und welche Bedeutung hat dein Name?

Der lila Bär

Jetzt erzähle ich aber wirklich endlich die Geschichte, warum meine Bären-Oma eine Bären-Oma ist.

Meine Oma hat einen lila Bären namens Alexander. Dieser war ihr vor vielen, vielen Jahren im Winter auf einem gefrorenen See beim Schlittschuhlaufen begegnet.

Meine Oma war damals noch ein kleines Kind.

Der lila Bär fuhr ihr fast in die Beine, bremste kurz vor ihr ab und plumpste auf seinen dicken Po.

Er entschuldigte sich artig für den Beinahe-Unfall, stellte sich vor und meinte, ihm sei gerade wirklich sehr kalt.

Der Bär hatte ein Glas Honig dabei und ein Bild mit einer fremden Frau darauf.

Er fragte, ob Oma ihm ein Glas warme Milch für seinen Honig zum Aufwärmen anbieten könne.

Oma hatte natürlich keine heiße Milch dabei. Aber sie lud ihn zu sich ein.

So gingen sie zusammen zu ihr nach Hause.

Oma sagt, sie nimmt sonst keine Fremden mit zu sich, aber bei einem Kuscheltier könne man schon mal ein Auge zudrücken.

Irgendwie gefiel es dem Bären wohl bei Oma. Alexander machte keinerlei Anstalten zu gehen. Weil Oma ihn mochte, schickte sie ihn auch nicht weg. Bald waren sie beste Gefährten.

Alexander freundete sich mit ihren Puppen an, spielte mit ihren Spielzeugautos, ja, Oma hatte Spielzeugautos und auch eine elektrische Eisenbahn, er kletterte mit ihr auf Bäume und schoss mit Pfeil und Bogen. Zu Fasching verkleideten sie sich als Indianer. Meine Oma war ein wildes Mädchen, sagt meine Uroma.

Später, als sie älter geworden war, ging der Bär mit meiner Oma angeln, wanderte mit ihr durch das Gebirge, fuhr mit ihr in fremde Länder und begleitete sie bei Ausritten auf dem Pferd.

Manchmal, wenn er sich unbeobachtet fühlte, sah er wehmütig auf das Bild der fremden Frau.

Er erzählte meiner Oma aber nie, was es damit auf sich hatte.

Und weil Alexander immer noch bei ihr wohnt, ist sie meine Bären-Oma.

Wenn ich bei Oma übernachte, kuschele ich mit dem lila Alexander.

Er kennt die schönsten Abenteuer, die wunderbarsten Einschlafgeschichten.

Und sein Fell ist so weich wie eine Wolke und duftet süß nach Himbeerblaubeer-schokokokosvanille-Zuckerwatte.

Was ist dein Lieblingskuscheltier?

Meine Hasen-Oma

Jetzt willst du bestimmt wissen, warum meine andere Oma Hasen-Oma heißt.

Eigentlich müsste sie Hasen-Hotel-Oma heißen. Mama, Papa und ich haben nämlich Hasen.

Und immer, wenn wir in den Urlaub fahren, passt meine Hasen-Oma auf unsere beiden Langohren auf.

Die hoppeln dann auch schon mal durch Hasen-Omas Wohnung, werden verwöhnt, gestreichelt und betüdelt.

Mümmelmann, der Hasenboss der beiden, hört sogar auf seinen Namen und kommt, wenn man ihn ruft.

Der hört besser als Whisky, sagt Opa. Er ist ein richtiger Hundshase.

Nur das Bellen muss er noch lernen.

Bei Opa weiß ich manchmal nicht, ob er es ernst meint oder einen Scherz macht. Er hat nämlich oft einen Clown zum Frühstück gefuttert, sagt Oma.

Wer isst denn bitte einen Clown? Gibt es den zu Cornflakes und Milch?

Wenn Oma sowas sagt, weiß ich nicht, ob sie es ernst meint oder auch einen Clown gefrühstückt hat.

Meine Mama hatte, als sie selbst noch ein Kind war, schon Hasen, das Hasen-Haben ist bei uns also eine Familien-Tradition, sagt sie.

Welche Haustiere haben deine Großeltern? Und frühstücken sie auch ab und zu einen Clown?

Die Sache mit den Osterhasen

„Eigentlich sind es ja Kaninchen, die wir haben“, sagt Papa, „weil man Hasen gar nicht zähmen kann.“

Hasen sind die, die Ostern die Eier anmalen. Damit man sie nicht heimlich dabei beobachten kann, darf man Hasen nicht im Haus halten.

Das Ostereieranmalen ist nämlich eine streng geheime Angelegenheit.

Wenn man dabei einem Hasen zusieht, zerbricht der vor Schreck die Schale der Eier, und dann wird es ein Plumps-Ei, sagt Uroma. Und zwar ein gelbes, weil das Eigelb ausläuft.

Wer will schon kaputte Matsch-Eier zu Ostern?

Ich glaube aber, meine Hasen-Oma hat heimlich doch einen echten Hasen daheim.

Wer malt denn sonst die Eier an ihrem Osterstrauch immer sooo kunstvoll an und legt sooo schöne bunte Eier in unsere Osternester.

Wie feiert ihr Ostern?

Meine Bären-Oma wird Mama

Wie wurde denn nun aber aus meiner Bären-Oma eine Oma?

Das auf dem Foto im Album meiner Oma waren also meine Oma und meine Uroma. Oma war da noch sehr jung.

Sie sah wirklich gar nicht wie eine Oma aus, eher wie eine große Schwester.

Einige Jahre nachdem das Foto gemacht worden war, lernte meine Bären-Oma, die noch gar keine Oma war, einen jungen Mann kennen.

Und die beiden verliebten sich und hielten Händchen.

Nach ein paar Jahren beschlossen sie, einem Kind das Leben zu schenken. Geboren wurde ... MEIN PAPA!

Und so wurde aus meiner Oma eine MAMA!

Oma sagt, das war so ein Glück, dass ihr das Herz vor Liebe überquoll.

Sie liebte meinen Papa unendlich, schon bevor er auf der Welt war und über alles, als er aus dem Bauch herauskam.

Und Opa tat das natürlich auch. Er war stolz auf Papa.

Nun waren die Eltern von Oma und Opa, meine Urgroßeltern, plötzlich Großeltern von Papa geworden. Sie platzten vor Stolz. Leider konnte ich sie nicht mehr alle kennenlernen.

Opa hat Brüder und Oma hat Schwestern. Diese Onkel und Tanten von Papa freuten sich ebenfalls sehr über die Geburt des neuen Erdenbürgers.

Und so ist das bis heute geblieben.

Was fühlten deine Großeltern und ihre Eltern, als deine Eltern auf die Welt kamen?

Die Hasen-Oma-Mama

In dieser Zeit, als mein Papa ein Baby war, lebte gar nicht so weit weg meine Hasen-Oma, die noch gar keine Oma war, mit ihren zwei Kindern, zwei kleinen Mädchen.

Eines davon war MEINE MAMA, das andere Mädchen war meine Tante.

Mama und Papa wussten noch nichts voneinander, und meine Omas kannten sich noch nicht.

Doch wer weiß, ob sie sich nicht zufällig mal auf dem Spielplatz getroffen haben und dabei gar nicht ahnen konnten, dass eines Tages ich - Laura - geboren werden würde.

Vielleicht hat Mama Papa das Schaufelchen im Sandkasten stibitzt?

Oder Papa hat sich an Mama vorbei an der Rutsche vorgedrängelt?

Meine Bären-Oma sagt, unsere Schicksale sind alle miteinander verwoben.

Meint sie, wie bei einem Spinnennetz?

Wie viele Onkel und Tanten hast du?

Bären-Oma und Bären-Opa

Meine Bären-Oma und der Papa meines Papas, der ja auch mein Opa ist, haben sich leider nicht gut verstanden. Oma sagt, es hat nicht funktioniert. Manchmal passt es einfach nicht, so sehr man sich das wünscht, und dann ist es besser, wenn man allein seinen Weg weitergeht, sagt Oma.

Mein Kindergartenfreund Jonas lebt auch mit seiner Mama allein. Er ist oft traurig. Er vermisst seinen Papa.

Ob Papa damals auch traurig war? Bestimmt. Ich wäre sehr traurig, ich will lieber gar nicht daran denken.

Und so war also meine Bären-Oma dann mit meinem Papa allein. Bis, ja, bis mein großer starker Bären-Opa auftauchte.

Und meine Bären-Oma sich in ihn verliebte. Und er sich in sie.

Als mein Bären-Opa meine Bären-Oma kennenlernte, schloss er sie und meinen Papa gleich tief in sein großes Herz.

Oma sagt, die Schmetterlinge tanzten bei ihnen Tango.

Das hätte ich gern gesehen, tanzende Schmetterlinge.

Mein Bären-Opa schrieb meiner Bären-Oma einen langen Liebesbrief.

Er mochte Oma und Papa wirklich sehr und war immer für sie da.

Wie haben sich deine Großeltern kennengelernt?

Mein Papa in Windeln

Ich habe meinen Bären-Opa gefragt, ob mein Papa auch Windeln getragen hat, als er noch ein Baby war.

„Oh ja", hat Opa gesagt, „er war ein richtiger Windelstinkerpupser."

Bei solchen Worten klopft Opa Papa immer auf die Schulter, als hätte der damals eine ganz tolle Leistung vollbracht.

Mein Papa in Windeln? Da muss ich lachen.

Ich kann mir das gar nicht vorstellen.

Ob er auch aufs Töpfchen ging?

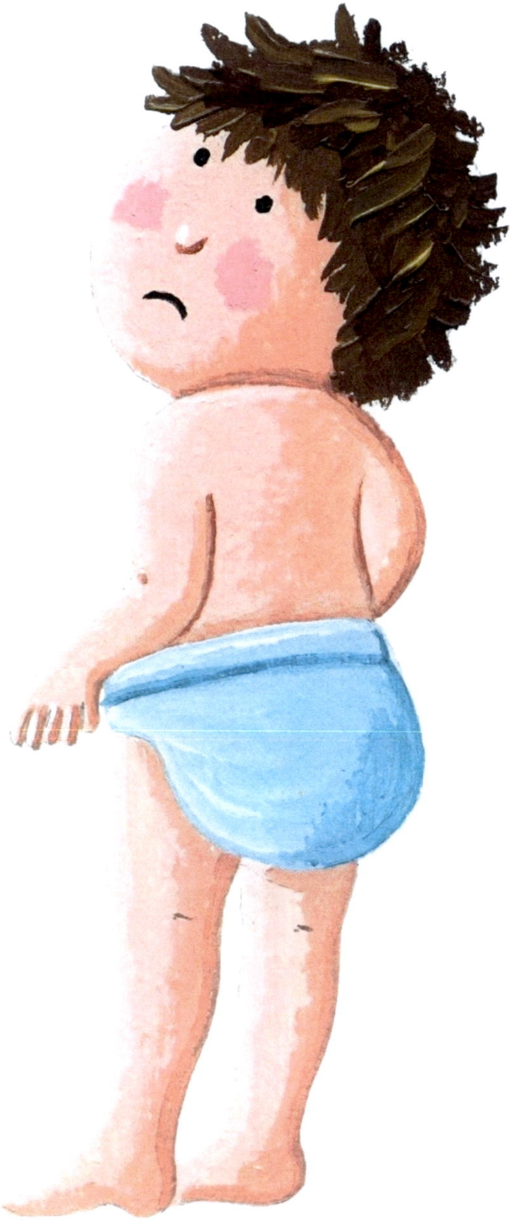

Mama als Baby

Ob Mama süße Baby-Bäuerchen gemacht hat, als sie klein war?

Mama sagt, ihre Bäuerchen waren nicht mal halb so laut wie die von Papa, wenn der durch das Haus röhrt, wie ein Hirsch.

Papa findet das witzig, und Mama verdreht nur die Augen.

Aber dann lacht sie doch ... manchmal.

Meine Hasen-Oma sagt, meine Mama war ein zuckersüßes Baby. Woher weiß Oma, wie Mama geschmeckt hat?

Wie waren deine Eltern als Babys?

Meine Bären-Großeltern heiraten

Weil meine Bären-Großeltern sich so lieb hatten, feierten sie eine große Hochzeit.

Mein Papa bekam sogar einen eigenen Ring von meinem Bären-Opa an den Finger gesteckt!

Und so hatte mein Papa nun zwei Papas.

Ab diesem Tag, sagt Oma, waren alle drei miteinander verheiratet.

Und mit dem Bären-Opa wurde die Familie riesig, denn er hat viele Geschwister, und die haben auch Kinder.

Und plötzlich hatte mein Papa Cousin und Cousine.

Und neue Onkel und Tanten. Und eine neue Oma.

Am Abend der Hochzeit schlief mein Papa frisch verheiratet und müde vom Feiern glücklich ein.

Mama hat etwas Ähnliches erlebt. Ihre Mama, also meine Hasen-Oma, die eigentlich eine Kaninchen-Oma ist, hat ein zweites Mal geheiratet, weil sie sich mit dem ersten Hasen-Opa so gar nicht verstand.

„Sowas passiert leider manchmal", sagt Mama.

Ihr neuer Papa war ein sehr lieber Papa, sagt Mama.

Leider habe ich ihn nie kennengelernt.

Meine Mama sagt, man nennt das Patchwork, wenn sich Familien neu zusammenwürfeln.

Ich würfele auch gerne, beim Mensch-ärgere-dich-nicht habe ich ganz oft eine Sechs.

Dann schmeiße ich die anderen vom

Spiel-Feld, wenn sie mir im Weg stehen.

Mama sagt, das Spiel des Lebens ist manchmal ziemlich kompliziert.

Aber meiner Mama und meinem Papa wird das nicht passieren!

Das weiß ich genau.

Mein Papa ist lieb genug für immer und immer.

Nach der Hochzeit zogen Papa, Oma und Opa in ein Haus.

In diesem Oma-Opa-Bären-Haus wohnen meine Großeltern heute noch, mit Whisky, dem Flohteppich.

Und mit meinem Onkel. Aber der ist schon groß und will bald ausziehen.

Er will, sagt er, das Leben bei den Hörnern packen. Das Leben ist doch keine Kuh!

Mein anderer Onkel wohnt schon länger in einer eigenen Wohnung. Und er macht Musik, dass die Wände wackeln. Wenn ich groß bin, gehe ich auf eine seiner Partys. Und rocke richtig ab, yeah!

Aber der Reihe nach...

Opa kochte viel und gut und ließ sich einen langen Bart stehen.

Und dann bekamen meine Bären-Großeltern noch einen Sohn.

Mein Papa wurde großer Bruder!

Mein Onkel, dessen Name übrigens „der Erhabene" bedeutet, wurde geboren. Und er wurde sofort innig geliebt, wie mein Papa.

Ein paar Jahre später wurden mein Papa und sein kleiner Bruder große Brüder.

Das heißt, mein Papa war ja schon ein großer Bruder, sein kleinerer Bruder aber noch nicht, bis zum dem Tag, an dem mein zweiter Onkel zur Welt kam, dessen Name „der Siegreiche“ bedeutet.

Wir sind wirklich eine Familie voller Sieger.

Er wurde natürlich auch sofort innig geliebt, wie mein Papa und mein Onkel, der schon da war.

Wie war es für deine Eltern, Geschwister zu haben?

Papa fehlt etwas sehr, sehr Wichtiges – aber was?

Mein Papa wurde älter. Er kam in die Schule und lernte viel.

Mein Papa wurde erwachsen, machte Sport, er boxte und gewann viele Medaillen.

Aber etwas fehlte in seinem Leben. Etwas ganz, ganz Wichtiges.

Und als er meine Mama das erste Mal sah, wusste er, was er so vermisst hatte.

Papa schenkte Mama sein Herz. Natürlich nicht richtig, er braucht sein Herz ja selbst, aber das sagt man, wenn man jemanden ganz toll mag und für immer mit ihm zusammen sein möchte.

Es dauerte nicht lange, da stellte Papa seinen Eltern seine Freundin vor.

Und Mama stellte ihrer Familie Papa vor.

Mit offenen Armen wurden Mama und Papa empfangen. Meine Hasen-Oma freute sich über Papa. Und meine Bären-Großeltern freuten sich über Mama.

Alle verstanden sich prächtig und feierten viele Feste miteinander. Und das tun wir noch immer.

Uroma sagt, jeder Mensch auf dieser Welt sucht seine bessere Hälfte, und wenn er sie gefunden hat, sollte er sie nie mehr loslassen.

Mama ist Papas bessere Hälfte und er ihre. Zum Glück habe ich keine halben Eltern. Sonst wäre ich ja gar nicht da.

Bald zogen meine Eltern in ein Haus. Da wohnen wir heute noch, es ist unser Zuhause.

Mein anderer Opa bekam mit seiner neuen Frau, die schon einen Sohn hatte, noch eine Tochter, sie ist Papas Schwester und meine Tante und geht noch in den Kindergarten. Und Opas Bruder, mein Onkel, bekam auch eine Tochter.

Wie haben sich deine Eltern kennengelernt?

Meine Eltern heiraten

Und dann heirateten meine Mama und mein Papa.

Es war eine wundervolle und lustige Hochzeit.

Die ganze riesig-große Familie kam zusammen und feierte die Liebe meiner Eltern.

Auch viele Freunde kamen, um ihnen Glück zu wünschen.

Mama trug ein weißes Kleid.

Sie sah aus wie die schönste aller schönen Prinzessinnen auf der ganzen weiten Welt.

Nun fehlte nur noch ICH zu ihrem Glück.

Der Tag, an dem aus meinen Großeltern Großeltern wurden

Meine Eltern bastelten an mir, sagt Mama.

Ich weiß nicht, wie man ein Baby bastelt, ob Mama und Papa mich mit Leim, Papier und Schere zusammengeklebt haben. Oder ob sie es wie mein Bären-Opa gemacht haben, der aus Holz viele tolle Sachen drechseln kann.

Papa sagt, wenn ich groß bin, erklärt mir Mama das. Wenn ich ihn frage, wie man ein Baby bastelt, bekommt er einen roten Kopf und steckt seine Nase eilig in ein Buch. Er muss dann immer lesen.

Wenn ich Mama frage, muss die ganz schnell Wäsche waschen gehen oder irgendwas kochen oder fragt, ob ich mein

Kinderzimmer schon aufgeräumt habe.

Meine Hasen-Oma sagt, mich hat der Storch gebracht. Ist das nicht verboten, Babys so hoch am Himmel fliegen zu lassen? Was, wenn sie aus dem Schnabel vom Storch rutschen? Und wie bekommt der Storch die Babys überhaupt in den Bauch der Mamas?

Vielleicht hat Mama mich verschluckt? Ich war ja mal Quark im Schaufenster.

Mein Bären-Opa sagt, man hätte mich vom Baum gepflückt.

Meine Bären-Oma sagt, ich sei wie ein Engelein vom Himmel gestiegen.

Irgendetwas stimmt da nicht. Aber das bekomme ich schon noch raus.

Es kam also der große Tag, an dem meine Bären-Großeltern erfuhren, dass sie nun nicht mehr nur Mama oder Papa seien, sondern bald Oma und Opa werden würden.

Meine Hasen-Oma war ja schon eine Oma, als ich geboren wurde. Denn die Schwester meiner Mama, meine Tante, deren Namen „die Göttin der Jagd" bedeutet, hat eine Tochter, die ist meine Cousine. Deren Name bedeutet „die Eifrige". Sie geht schon in die Schule, um eifrig zu lernen. Der Name passt also wunderbar zu ihr. Ihre Geburt hat meine Hasen-Oma vor vielen Jahren zu einer Oma gemacht.

Meine Hasen-Oma freute sich natürlich sehr, dass ich zur Welt kommen sollte. Sie lachte und herzte meine Mama und knuddelte sie.

Dann sagte meine Hasen-Oma, meine Mama müsse nun immer sehr gut auf sich aufpassen, weil ich ja jetzt den Bauch bewohnen würde. Aber das tat meine Mama sowieso.

Meine Cousine war ganz aufgeregt. Endlich käme ein Mädchen in die Familie. Und meine Tante freute sich auch sehr.

Meine Eltern besuchten nun meine Bären-Großeltern und brachten heimlich einen kleinen Bilderrahmen mit, in dem eine Mini-Baby-Windel steckte, worauf stand: „Ihr werdet Oma und Opa".

Und ein Bauchbild von mir, das der Arzt mit einem besonderen Gerät gemacht hatte, man nennt das Ultraschall.

Mein Papa bat um einen Nagel, um das Bild aufhängen zu können. So sahen meine Großeltern mein allererstes Bauch-Foto.

Auf dem Foto war ein klitzekleines

Böhnchen in einer winzig kleinen Höhle zu sehen. Das war ich.

Und was dann passierte, könnt ihr euch nicht vorstellen. Oma fing an zu weinen! Nicht vor Schreck, nein, vor lauter Glück.

Sie hat richtig geschluchzt und konnte gar nicht mehr aufhören. Und sie weint gut wie nie, sagt sie.

Tja, so ist das wohl, wenn man eine Oma wird.

Opa lachte und war glücklich und riss einen Witz, er hatte bestimmt wieder einen Clown gefrühstückt, sagt Oma.

Meine Onkel klopften meinem Papa auf die Schulter und nahmen meine Mama in den Arm und gratulierten. Sie waren stolz und glücklich, Onkel zu werden.

Auch die anderen erfuhren nach und nach von meinem Weg ins Leben. Alle in der Familie freuten sich, dass ich geboren werden sollte.

Weißt du, wie man Babys bastelt?

Bald bin ich da

Die Monate vergingen, Mamas Bauch wurde immer runder. Sie schlief viel und ruhte sich oft aus.

Mama plante für meine Ankunft auf der Welt und bereitete vieles vor. Was man alles für so ein kleines Baby braucht. Einen Kinderwagen und ein Bett, eine Wanne und eine Wickelauflage, einen Schrank und eine Wippe. Fläschchen und Windeln und Schnuller und, und, und...

Papa werkelte am neuen Zimmer.

Wie haben deine Eltern sich auf deine Geburt vorbereitet?

Ich komme!

Und dann kam der Tag meiner Geburt. An einem sonnigen Herbsttag, Blätter schwebten sacht von den Bäumen, war es soweit.

Mama und Papa hatten schon lange eine große Tasche für das Krankenhaus gepackt. Darin waren viele Sachen für Mama und auch Sachen für mich. Ich kam ja nackig auf die Welt und brauchte etwas zum Anziehen.

Im Bauch meiner Mama hatte ein Ziehen begonnen, das immer stärker wurde. Das bedeutet, das Baby hat genug von der Langweile im Bauch und will nun endlich gucken, was draußen so los ist.

Meine Eltern fuhren ins Krankenhaus. Papa schwitzte, weil er nervös war.

Er hatte Angst, dass ich es nicht mehr erwarten kann und schon im Auto aus Mama herauskrabble.

Und Mama hechelte wie Whisky, wenn es heiß ist, sagt Papa. Das Ziehen ist nämlich gar nicht so angenehm.

Bald waren meine Eltern im Krankenhaus eingetroffen.

Meine Hasen-Oma kam mit in den Kreißsaal, das ist der Raum, wo die Babys geboren werden.

Denn obwohl mein Papa groß und stark ist, kann er kein Blut sehen.

Und da fanden meine Eltern es besser, wenn lieber Oma bei der Geburt dabei wäre. Sonst, sagt Mama, wäre Papa im Kreißsaal vielleicht umgekippt. Das wollte nun wirklich niemand.

Meine Hasen-Oma hielt Mamas Hand und feuerte sie an. „PRESSEN, PRESSEN, PRESSEN!", rief sie.

Mama musste nämlich pressen und dadurch mithelfen, mich aus ihrem Bauch zu schieben.

Die Hebamme, eine Art Krankenschwester, die bei der Geburt hilft, lobte Mama immer wieder, wie gut sie das machte.

Und dann passierte es: Es machte PLOPP, und ich schlüpfte aus Mamas Bauch, blinzelte in das helle Licht, sah meine Mama und meine Hasen-Oma an, holte ganz tief Luft und tat meinen allerersten Schrei.

Staunend betrachteten mich Mama und Oma. Sie zählten meine Fingerchen, ob nicht eines davon im Bauch vergessen worden wäre. Nein, die waren alle dran, auch die Zehen.

Mama zitterte immer noch vor lauter Aufregung und Anstrengung, denn ein Baby auf die Welt zu bringen, sagt Mama, ist ein Kraftakt. Aber sie ist ja eine Siegerin.

Oma blinzelte durch die Tränen, die ihr in die Augen gestiegen waren vor lauter Glück. Meine Omas weinen wohl beide gern.

Die Tür vom Kreißsaal ging auf, und Papa trat herein. Er betrachtete mich ganz lange.

Dann sagte er: „Hallo, Laura! Ich bin es, dein Vadder" und lachte über das ganze Gesicht. Mama sagt, Papas Stimme klang in diesem Moment wie die Stimme aus einem Film mit einem Sternenkrieg und großen Raumschiffen.

So ist mein Papa, immer zu Scherzchen aufgelegt.

Wer war bei deiner Geburt dabei?

Endlich zuhause

Nach ein paar Tagen im Krankenhaus fuhren wir endlich nach Hause. Ich wurde geliebt und verwöhnt.

Alle besuchten mich, auch die Uromas wollten mich unbedingt kennenlernen.

Ich lernte viel.

Ich wuchs und wuchs.

Und ich kuschelte mit meinen Eltern.

Oft besuchten wir die Omas und Opas. Und die Onkel und Tanten. Und alle anderen …

Mein Bären-Opa ist immer lustig.

Wen besuchst du am liebsten?

Wie alles anfing und was mal werden kann

Meine Bären-Oma sagt, angefangen hat alles damals, vor vielen hundert Jahren, als mein Ur-Ur-Ur-Ur-Opa meine Ur-Ur-Ur-Ur-Oma kennenlernte. Vielleicht aber auch schon viel, viel früher.

Wenn ich mir überlege, wie groß meine Familie jetzt schon ist.

Meine Onkel werden einmal Papas sein. Und dann bekomme ich noch mehr Cousins oder Cousinen oder beides.

Ich werde auch eines Tages erwachsen sein. Und dann werde ich ganz bestimmt selbst eine Mama.

Und später werde ich eine Oma sein und meinen Enkeln von meinen Uromas erzählen. Denn so ist das Leben, sagt meine Bären-Oma.

FAMILIE IST DAS WICHTIGSTE AUF DER WELT.

Meine Bären-Oma sagt, ich werde mir, wenn ich groß bin, sogar die Sterne vom Himmel holen können, wenn ich nur will. Man kann fast alles erreichen, sagt sie.

Ich finde die Idee gut. Ich werde jedem von meiner Familie, wenn ich groß bin, einen Stern vom Himmel pflücken.

Da ich noch klein bin, male ich ihnen aber erst einmal schöne Bilder.

Was willst du einmal werden, wenn du groß bist?

Der lila Bär

Nun ist da noch die Sache mit Alexander.

Der lila Bär hat meiner Bären-Oma einen Brief gemalt. Denn er wusste nicht, wie er Oma erklären soll, dass es Zeit wäre, sie zu verlassen.

Da fand er, ein Bild sagt mehr als tausend Worte.

Oma erfuhr so auch die Geschichte von der Frau auf dem Bild, das Alexander so lange mit sich herumgetragen hatte.

Einst lebte Omas Bär bei dieser Frau und war deren Bär.

Er war bei ihr eingezogen, als sie noch ein Kind und sehr traurig gewesen war.

Der lila Kuschelbär wusste damals, wie sehr sie ihn brauchte. Sein gutes Zauberbärenherz spürte das ganz genau.

Und als Alexander viele, viele Jahre später sah, dass sie ihn nicht mehr benötigte, zog er weiter.

Er war lange in der Welt herumspaziert, bis er auf dem zugefrorenen See meine Bären-Oma traf und wusste, hier würde er gebraucht.

Wofür Oma ihn brauchte?

Tja, vielleicht zum Kuscheln, vielleicht zum Träumen, vielleicht, weil sie sich gerade mit ihrer besten Freundin gestritten hatte und an diesem Tag ziemlich traurig gewesen war.

Das jedenfalls hat der lila Bär Oma aufgemalt.

Vielleicht aber brauchte Alexander meine Oma auch?

Vielleicht war ER einsam und suchte Gesellschaft?

Ein Kuschelbär gehört tatsächlich nicht allein auf die Straße, sagt Oma.

Vielleicht war ihm wirklich einfach nur kalt gewesen? Und er blieb bei Oma, weil er nichts Besseres zu tun hatte?

Oder die Frau auf dem Bild hatte ihn

weggeworfen und damit sein Bärenherz gebrochen?

Wer weiß das schon, außer dem Bären, und der redet nicht darüber. Er sagt, er will nicht. Er hätte ja alles aufgemalt, und das muss ausreichen.

Es klingelt. Meine Bären-Oma steht vor der Tür. Sie trägt Alexander auf dem Arm.

„Laura", sagt meine Bären-Oma, „ich habe hier jemanden, der einen neuen Platz zum Wohnen sucht. Was meinst du, ob er bei dir einziehen kann? Bei mir will er nicht mehr leben, vielleicht bin ich ihm zu langweilig geworden."

Ein bisschen traurig schaut Oma schon, als ihr bester Freund seit Kindertagen zu ihr hochblickt.

Aber dann zwinkert Alexander sie an, und Oma zwinkert verschmitzt zurück.

Der Bär streckt seine Tatzen nach mir aus.

Ich nehme ihn in die Arme und drücke ihn ganz fest an mich.

Wie gut er duftet. Heute riecht er ein bisschen nach Grießbrei mit Zimt.

Und wie weich er ist.

Wenn Alexander nun bei mir wohnt, ist meine Bären-Oma dann noch eine echte BÄREN-Oma? Ich bin jedenfalls ab heute Bären-Laura.

Hast du schon einmal Trost gebraucht und warst froh, ein Kuscheltier zu haben?

Meine kleine Schwester

Wir gehen ins Haus. Mama kommt aus der Küche. Ihr Bauch ist kugelrund.

Oma und Mama umarmen sich.

„Geht es dir gut?“, fragt meine Bären-Oma meine Mama.

Seit sie schwanger ist, fragen alle ständig meine Mama, ob es ihr gut geht.

Mama strahlt. „Mir geht es wunderbar“, sagt sie und hält sich plötzlich den Bauch. Gerade strampelt das Baby wieder, das sehe ich an ihrem Gesicht.

Mama sagt, das zeckt ganz schön.

Oma hat Zimt-Grieß-Kuchen mitgebracht und wir setzen uns an den Tisch, an dem schon meine Hasen-Oma auf uns wartet.

Wir futtern alle fünf an diesem schönen Mädelsnachmittag und krümeln ein bisschen herum. Meine kleine Schwester isst nämlich in Mamas Bauch mit, über die Nabelschnur, sagt Mama. Das ist so ein Schlauch im Bauch, da schiebt Mama den Kuchen einfach zum Baby durch.

Ich weiß jetzt, was meine Bären-Oma meinte, als sie sagte, dass die Welt viel leerer war, so ohne mich. Es wird Zeit, dass ein Platz auf der Welt durch meine kleine Schwester besetzt wird.

Und wenn sie dann da ist, werde ich ihr ganz viel über unsere Familie erzählen, die ja mit ihrer Geburt weiter wächst.

Und wir werden miteinander spielen.

Und wir werden malen. Ich schenke ihr einige meiner Pinsel, und sie kann meine Farben benutzen. Und dann wird die

Welt noch bunter durch all die Farben auf unseren Bildern.

Und wir werden zusammen basteln.

Und ich werde sie liebhaben.

Und sie wird mich liebhaben.

Und alle werden sie liebhaben und sie wird alle liebhaben, so wie ich alle liebhabe und mich alle liebhaben.

Ach, wird das schön.

Hast du Geschwister oder wünschst du dir welche? Hast du sie lieb?

Der Bauch-Name

Meine Eltern haben übriges schon einen Namen für das Baby ausgesucht. Aber den wollen sie nicht verraten.

Nun müssen also meine beiden Omas und ich uns eben einen Namen ausdenken.

Die Hasen-Oma sagt, „Schnuckilein" klänge gut, die Bären-Oma meint, „Hasispatz" wäre auch nicht übel.

Alexander sagt, „Alexandra" klingt doch wirklich sehr nett.

Opa nennte mein Schwesterchen so wie mich früher, als ich noch im Bauch war, Zwergel.

Ich finde Mampipi am schönsten. Ich habe die Worte Papi und Mami in den Wortmixer geworfen, und das kam dabei heraus.

Meine Omas finden diesen Bauchnamen auch toll, darum fragen wir Mama nun immer, wie es Mampipi geht und ob Mampipi schon wieder gewachsen ist und ob Mampipi im Bauch Purzelbäume schlägt, das macht sie nämlich manchmal.

Ich habe das auch gemacht, sagt Mama.

Und ich habe mich benommen, wie Papa im Boxring. Die Beulen auf Mamas Bauch, sagt Papa, waren legendär. Wenn er das sagt, lächelt er stolz.

Ich gehe oft mit Papa in den Boxkeller trainieren. Wenn ich groß bin, will ich unbedingt auch noch Boxchampion werden.

Ich habe wirklich viel vor, sagt meine Hasen-Oma.

Wir essen immer noch Kuchen.

Mama trinkt einen großen Schluck Mineralwasser mit Sprudel.

Und dann macht sie ein Bäuerchen, das noch viel lauter klingt, als Papas Röhren wie ein Hirsch. Mindestens hundert Mal so laut. Oder tausend.

Opa würde jetzt sagen, da wackeln ja die Wände, aber er ist bei unserem Mädelsnachmittag nicht dabei, er ist ja kein Mädel.

Wir gucken uns alle an, Mama wird ganz rot im Gesicht.

„Das war ganz bestimmt Mampipi", sagt die Hasen-Oma.

Und dann lachen meine Omas und ich los, ganz laut. Fast prustet die Bären-Oma, die eigentlich keine Bären-Oma mehr ist, weil Alexander ja nun bei mir wohnt, ihren Kaffee über den Tisch.

„Haha, sehr witzig!“, sagt Mama und guckt ganz ernst und immer noch ein bisschen verlegen.

Mama sagt, wir seien drei verrückte, alberne Weiber.

Und dann muss sie selbst lachen. Sie lacht so sehr, dass sie Mampipi in ihrem Bauch durchschüttelt.

Tja, sagen meine Omas, so ist eben Familie.

Wie würdest du dein Bauch-Geschwisterchen nennen?